AF470089

PANÉGYRIQUE PROVENÇAL

DE

SAINT GENS

PANEGIRI PROUVENÇAU

DE

SANT GÈNS

Prounouncia lou Dimenche , 16 de Mai

DAVANS

Mounsegne **ANGE VIGNE**, Archevesque d'Avignoun

Pèr M. l'Abat Agusto GRIMAUD

Canounge-ounouràri

Curat de Sòrgo

———⟶◦◦◦⟵———

AVIGNOUN

LI FRAIRE AUBANEL EMPREMÈIRE

DE N. S. P. LOU PAPO E DE MOUNSEGNE L'ARCHEVESQUE

Plaço de Sant-Pèire , 9

—

1886

PANÉGYRIQUE PROVENÇAL

DE

SAINT GENS

Prononcé le Dimanche, 16 Mai

EN PRÉSENCE DE

Monseigneur ANGE VIGNE, Archevêque d'Avignon

PAR M. l'Abbé Auguste GRIMAUD

Chanoine-honoraire

Curé de Sorgues

AVIGNON

AUBANEL FRÈRES , IMPRIMEURS

DE N. S. P. LE PAPE ET DE MONSEIGNEUR L'ARCHEVÊQUE

Place Saint-Pierre , 9

1886

DEDICA

A Mounsen l'Abat PEIRE AUFFANT

Canounge ounouràri
Curat - decan de Mountéu.

COSTO

CINQ SÒU

Au proufié di tres escolo libro de Sòrgo.

Manda l'óufrando à **M.** l'Abat Grimaud, curat de Sòrgo (Vaucluse).

DÉDIÉ

A *Monsieur l'Abbé PIERRE AUFFANT*

Chanoine-honoraire

Curé - doyen de Monteux.

SE VEND

25 CENTIMES

Au profit des trois écoles libres de Sorgues.

Adresser l'offrande à M. l'Abbé GRIMAUD, curé de Sorgues (Vaucluse).

PANEGIRI PROUVENÇAU

DE

SANT GÈNS

————◦◦◦————

Exultabit solitudo et florebit quasi lilium.
La soulitudo tresanara, e flourira coum' un ieli.
Au libre d'Isaïo, Chapitre III, V. 1er.

MOUNSEGNE (*) ,

MI FRAIRE,

Vèrs li vounge-cent e quàuquis an neisseguè, à des pas d'aquesto glèiso, dins un bon oustau vounte la pieta di Mountelen a toujour saluda uno estatùo courounado, un enfant que devié jita sus sa patrìo un rai d'inmourtalo clarta. Soun paire s'appellavo *Bournarèu,* et sa maire s'apellavo *Imberto.* Se saup pas qunt'ei lou noum que reçaupè l'enfant au jour de soun Batème. Mai, en vesèn soun poulit biais en tout e pertout, si pichot cambarado i'aguèron lèu atrouva soun subre-noum. L'apellèron *Gens,* mot que, dins nosto lengo prouvençalo, significo : *bèu coume lou jour.* Efetivamen, lou Creatour i'avié fa doun d'uno fisiounoumìo avenènto e d'un caratèro amistadous que lou fasien ama pèr forço de soun parentage coume de sis ami. Mai, ço qu'èro *gent* subre-tout dins l'enfant, èro soun inoucènci, èro sa vertu, èro soun angelico pieta.

(*) Mounsegne Ange VIGNO, Archevesque d'Avignoun.

PANÉGYRIQUE PROVENÇAL

DE

SAINT GENS

Exultabit solitudo et florebit quasi lilium.
La solitude tressaillera d'allégresse et fleurira comme un lis.
Au livre d'Isaïe, Chap. 3e, V. 1.

MONSEIGNEUR (*),

MES FRÈRES,

Vers le commencement du XIIe siècle naquit, à quelques pas de cette église, dans une maison d'honnêtes propriétaires, où la piété des habitants de Monteux a toujours salué une statue couronnée de fleurs, un enfant qui devait jeter sur sa patrie un rayon d'immortelle splendeur. Son père s'appelait *Bournareau*, et sa mère s'appelait *Imberte*. On ignore le nom que l'enfant reçut le jour de son baptême. Mais ses jeunes camarades, témoins de l'amabilité naturelle qui accompagnait toutes ses actions, eurent bientôt fait de lui trouver un surnom. Ils l'appelèrent *Gens*, mot qui, dans notre langue provençale, signifie : *beau comme le jour*. Et, en effet, Dieu l'avait doué d'une physionomie agréable et d'un caractère charmant qui forçait, pour ainsi dire, ses parents et ses amis à l'affectionner. Mais ce qui était surtout *gentil* dans l'enfant, c'était son innocence, c'était sa vertu, c'était son angélique piété.

(*) Monseigneur Ange VIGNE, Archevêque d'Avignon.

Lou versé di Libre Sant qu'ai pres pèr tèste de moun discours lou coumparo à-n-un ieli blanc, e anen vèire qu'uno flour tant requisto poudié flouri que dins la soulitudo d'un desert : *Exultabit solitudo et florebit quasi lilium.*

Per douna coum' uno manièro de cadre i lausange que voulen faire de noste bèu sant, anen nous arresta à-de-rèng sus tres counsideracioun que nous lou faran countempla sucessivamen dins sa *vido*, dins si *benfa*, e dins sa *glòri* : dins sa vido d'*Armito*, au desert ; dins si benfa de *patroun*, au cier ; e dins sa glòri de *sant*, aussa sus nostis autar.

I

E d'abord, countemplen noste sant *dins sa vido d'Armito*.

Avans tout, fau que digue en quàuqui mot la resoun perqué s'enané de Mountéu. Sant Gèns èro forço aproufoundi dins lou sentimen de la religioun. Mai sa religioun, qu'èro seguro e courajouso, èro subre-tout assaventado, e sènso mesclo d'aqueli subrefais que s'apellon *supersticioun*. Or, fau que sachè qu'à Mountéu, dins aquéu siecle un pau ennebla vounte vivié sant Gèns, i'avié justamen uno *superticioun* que fasié taco sus la religioun.

Couneissè tóuti lou quartié de *sant Rafèu*. Eis ansin nouma pèr ço que, dins aquéu tèms, se ie vesiè une pichoto capello dedicado à-n-aquéu grand Arcange dóu cier. Eh bèn, quand la secaresso, coume arrivo quàuqui fes, menaçavo la recolto, li Mountelen se metien en proucessioun, anavon a-n-aquelo capello, prenien l'estatùo de l'Arcange e la trempavon dins lou *Recavèu* (*),

___
(*) Pichot riéu que traverso lis ermas de sant Rafèu.

Le verset des Saints Livres que j'ai pris pour texte de mon discours le compare à un lis, et nous allons voir qu'une pareille fleur ne pouvait s'épanouir pleinement que dans la solitude d'un désert : *Exultabit solitudo, et florebit quasi lilium.*

Pour donner une sorte de cadre aux louanges que nous allons décerner à notre jeune saint, nous nous arrêterons successivement sur les trois considérations suivantes : *Sa vie, ses bienfaits et sa gloire* : sa vie d'*Ermite*, au désert ; ses bienfaits de *Patron*, vivant dans le ciel ; et sa gloire de *Bienheureux*, exalté sur nos autels.

I

Et d'abord, contemplons saint Gens dans son existence d'*Ermite*.

Avant tout, il est nécessaire de dire en quelques mots le motif qui le détermina à s'éloigner de Monteux. Saint Gens était profondément religieux. Mais sa religion, qui était sincère et courageuse, était particulièrement éclairée, et sans aucun mélange de ces inutilités auxquelles on donne le nom de *superstition*. Or, il faut que vous sachiez que, précisément, à Monteux, à l'époque un peu nuageuse où vivait saint Gens, il existait une superstition qui déflorait la religion.

Vous connaissez tous le quartier qui porte le nom de *saint Raphaël*. Il est ainsi appelé parce qu'on y voyait alors une chapelle dédiée à ce grand Archange du ciel. Eh bien, quand la sécheresse, comme il arrive parfois, menaçait la récolte, les habitants de Monteux, se mettaient en procession, se dirigeaient vers cette chapelle, détachaient la statue de l'Archange et la plongeaient dans le *Ricaveau* (*), persuadé, dans leur simplicité, que

(*) Petit ruisseau qui traverse le quartier de S. Raphaël.

s'imaginant, dins sa simplicita, que sant Rafèu ansin bagna pèr forço, devié pèr contro bagna li campagno pèr uno bonne plueio... Sant Gèns que sabié que n'ei pas amé de grimaço que s'óutènon li gràci de Diéu, mai amé d'ate de penitènci e lou retour à la vertu, parlè, e parlè-z-aut. Mau-grat que fuguesse pas capélan, prechè, et prechè tant bèn que li *Mountelen* renouncièron à la supersticioun.. Malurousamen, lou pople ei moubile et viro amé lou vènt. Qu'auquis ans après i'agué mai la secaresso, e vague mai la ceremounié dòu trempage de sant Rafèu, acoumpagnado aqueste cop de touto meno de jo, de danso e d'abóuminacioun qu'èron plus léu facho pèr atira li flèu de Diéu que pèr faire plòuro si gràci. Alors, noste brave sant pousquè plus counteni la justo endignacioun de soun amo. Seguiguè si counciéutadin sus li bord dóu *Recavèu*, e, quand veguè retira de l'aigo l'estatùo de sant Rafèu, la prenguè de forço di man di proufanatour, e, coume Mouïso qu'embreniguè li dos Taulo de la Lèi en presènço dóu vedèu d'or di Jusiòu, éu embreniguè l'estatùo en milo moucèu. Pièi proufetisè que, pèr punicioun, lou flèu de la secaressò anavo recoumença, e que, dès an de tèms, pa 'n nivo enneblarié plus lou fiermamen, pa 'no gouto d'aigo refrescarié plus la campagno entre-secado. Lou pople alors s'enferouné. La jouinesso subre-tout, destourbado dins si foulié, ie cridè contro, e, coume se lou diable la bacellavo, s'oublidè enjusquo à l'aqueira à grand cop de caiau. Gèns poudié plus passa lou lindau de sa porto sènso s'entèndre trata de tout.

Alors un bèu jour feniguè pèr dire à sa maire : « Maire, vau « destaca li dos vaco que moun paure paire m'a leissa en eiretage,

saint Raphaël, ainsi mouillé d'office, devait en retour faire pleuvoir sur leurs campagnes... Saint Gens qui savait que ce n'est point avec de vaines observances que s'obtiennent les grâces de Dieu, mais par des actes de pénitence et par le retour à la vertu, s'éleva fortement contre cet usage. Bien qu'il ne fût pas prêtre, il prêcha, et il prêcha si bien que les *Montiliens* renoncèrent à leur superstition. Malheureusement, le peuple est mobile et tourne à tous les vents. Quelque temps après, la sécheresse reparut, et on renouvela la cérémonie du bain forcé de saint Raphaël, accompagnant cette fois l'usage condamné, de toutes sortes de jeux, de danses et d'abominations qui étaient plutôt de nature à attirer les fléaux de Dieu qu'à déterminer l'épanchement de ses grâces. Alors, notre saint ne put contenir davantage la juste indignation de son âme. Il suivit ses concitoyens sur les bords du *Ricaveau*, et, quand il vit retirer de l'eau la statue de saint Raphaël, il l'enleva violemment des mains des profanateurs, et, à l'imitation de Moïse qui brisa les deux Tables de la Loi à la vue du Veau d'or des Hébreux, il brisa, lui, la statue en mille pièces. Puis, il leur prédit qu'en punition de leur nouvelle faute, le fléau de la sécheresse recommencerait au premier jour et que, pendant l'espace de dix ans, pas un seul nuage ne traverserait plus le firmament, pas une seule goutte d'eau ne rafraichirait plus les champs désolés. Le peuple alors entra en fureur. Les jeunes gens surtout, blâmés dans leurs amusements dangereux, le poursuivirent de huées, et, comme si le démon les possédait, ils allèrent dans leur fureur, jusqu'à le poursuivre à grands coups de pierres. Gens ne pouvait plus paraître même sur le seuil de sa porte sans entendre à son adresse toutes sortes de malédictions.

Alors, pour mettre un terme à cet état de choses, il dit à sa mère: « Ma mère, je vais détacher de l'étable les deux vaches « que mon regretté père m'a laissées en héritage, et, d'après un

« e parte pér m'enana, sus l'ordre de la Prouvidènci, dins quàu-
« que desert vounte pourrai prega pèr Mountéu qu'abandouno
« soun Diéu et que Diéu abandouno. » Sa maire plouré, pregué,
fagué li cènt cop per lou reteni. Mai sant Gèns partigué. O mon
Diéu, mounte vai coum'acò? Mounte vai aquéu bèl astre qu'illu-
minavo Mountéu di rai de sa vertu ? Mounte vai aquéu juste que
fugis coum'un criminau, alors que duvrié se beisa la traço de
si pèd? Vai mounte lou pousso l'espiracioun divino... A quinge
kilomestre de Mountéu i'avié une grand fourest. Oh ! qu'èro
magnefico d'aquéu tèms ! Aqui, i'avié de milioun de roure, de
falabreguié, de chaine, de nouguié que se toucavon lis un lis
autre, leissant soulamen de liuen en liuen un vacant de terro
labouradisso. Lou sòu èro cubert d'erbo pèr apastura, de bouïe
de roumanin pèr embelli, de lavando e de genèsto pèr embauma.
— Dins touto soun estendudo, qu'anavo dóu Baucet à Venasco
e de Venasco à Vau-cluso, i'avié pas traço d'ome, e lou silènci
n'èro coupa dins lou jour que pèr lou cant de l'auceliho, vo,
dins la niue, pèr lou bramage de pàuris animau que ceréavon
fourtuno.

Aquela grand pas de la naturo, au mitan d'un ciéucle majes-
tous de mountagno, semblè à noste sant coume l'avans-pourtau
dóu Paradis. S'establiguè dins uno baumo, se fabriquè un araire,
e, tout en pregant e en meditant, se meteguè à charruia la terro
pèr l'ensemença, e se nourri, à la susour de soun front, dou fru
de soun travai. . . . .
. . . .

Avans d'ana plus liuen dins moun recit, leissa-me saluda
dins sant Gèns *lou jouine païsan.*

Lou vesè, éu l'ami de Diéu, éu l'enfant dòu miracle, éu lou
predestina qu'aura d'autar dins la Glèiso e un trone dins lou

« ordre secret de la Providence, je vais me retirer dans un désert
« où je pourrai en tranquillité prier pour Monteux qui aban-
« donne son Dieu et que Dieu abandonne. » Sa mère pleura, pria,
fit l'impossible pour le retenir au foyer. Mais saint Gens s'éloigna.
O mon Dieu, où va-t-il donc ainsi? Où va-t-elle cette brillante
étoile qui rayonnait sur Monteux de tout l'éclat de sa lumière?
où va-t-il ce juste qui fuit comme un criminel, alors que l'on
devrait baiser la trace de ses pieds? ......Il va où le pousse l'ins-
piration divine... A quinze kilomètres de Monteux s'élevait une
grande forêt. Oh! qu'elle était belle en ce temps-là! — Des mil-
liers de chênes-verts, de micocouliers, de chênes blancs, de
noyers, y entrelaçaient leurs branches, ne laissant de distance en
distance que quelques arpents de terre en friche. Le sol était
couvert de hautes herbes pour les troupeaux, de buis et de roma-
nin qui embellissaient le paysage, de lavande et de genêts qui em-
baumaient les airs. — Dans toute son enceinte qui s'étendait du
Baucet à Venasque et de Venasque à Vaucluse, on aurait vaine-
ment cherché une trace humaine, et le silence n'était interrompu
pendant le jour que par le chant des oiseaux, et pendant la nuit
par les cris de quelques animaux qui cherchaient leur existence.

Cette profonde paix de la nature, au milieu d'un cercle impo-
sant de montagnes, parut à notre saint comme le vestibule du
Paradis. Il s'établit dans une grotte, fabriqua une charrue et,
tout en priant et en méditant, il commença à labourer la terre
pour l'ensemencer, et se nourrir, à la sueur de son front, du fruit
de son travail. . . . .

. . . .

Avant de poursuivre mon récit, permettez que je salue en saint
Gens le *jeune paysan* !

Le voyez-vous, lui, l'ami de Dieu, lui, l'enfant du miracle, lui,
le prédestiné qui aura des autels dans l'Eglise, et un trône dans

cier, lou vesè, amé si dos vaco, estrassant peniblamen la terro pèr l'ensemença e, plus tard, pèr la meissouna ? Ah ! se cresié pas desounoura davans Diéu pèr n'estre qu'un labouraire, un cultivatour, vo, coume dison, un *païsan !* E avié cent fes resoun.

Ei que lou labourage n'ei pas lou proumié di mestié ? Ei que Sully, lou grand menistre d'Henri IV, n'a pas dit que « *lou* « *labourage e lou pasturage soun li dos mamèu de la Franço ?* » Ei que tóuti li patriarcho soun pas esta de grand cultivatour de terro ? E Noste-Segne Jèsu-Crist, dins soun Evangèli, s'ei-ti pas coumpara à-n-un samenaire de blad ? S'aviéu eici davans iéu uno assemblado d'aqueli moussu que regardon trop souvènt lou païsan de-n-aut en bas, ié diriéu : Nouma-me un travai plus *necessàri,* plus *san,* plus *ounourable,* plus *libre* que lou travai dóu cultivatour ? Quau ei que forço la terro à poussa sis espigo, à estèndre si prat, à s'embelli de flour, à se garni de fru ? Quau ei que semound au paure coum' au riche à l'óubrié coum' au patroun, au darnié dis ome coum' au premié di rèi lou pan de chasque jour ? Lis ancian apellavon la Divesso Cerés la nourricièro de l'Umanita, e nous àutri, emé mai de resoun, prouclamen lou païsan lou paire nourricié dóu mounde. Senso éu, rèn marcho, tout s'arrèsto. Lou cultivatour ei la grand' rodo que fai tout vira. Eis autant necessàri à la soucieta que lou pivèu-mestre à-n-uno grando machino, que l'aisse envesible que, pèr manteni lou mounde, travèsso aqueste vaste univers, e que lou Diéu Ounnipoutènt tèn di dos bout de si man soubeirano.

Autambèn, la Prouvidènci en fasènt voste travai lou plus necite a vougu, dins sa justiço, que fuguèsse lou plus *san.* Regarda ! L'ome de la terro travaio toujour à l'èr libre, fai sa

le ciel, le voyez-vous déchirant péniblement la terre pour y jeter la semence avec l'espoir de la récolte prochaine? Ah! il ne se croyait pas déshonoré devant Dieu par son titre de laboureur, de cultivateur, ou, si vous voulez, de paysan ! Et il avait mille fois raison.

Est-ce que le labourage n'est pas la première des professions? Est-ce que Sully, le grand ministre d'Henri IV, n'a pas dit que » le *labourage* et le *paturage* sont les deux mamelles de la » France? » Est-ce que tous les patriarches n'ont pas été de grands cultivateurs de terre? Et Notre-Seigneur Jésus-Christ, dans son Evangile, ne s'est-il pas comparé à un semeur de grains de blé? Si je parlais ici en présence d'une assemblée de ces orgueilleux personnages qui regardent trop souvent le paysan comme un être inférieur, je leur dirais : nommez un travail plus *nécessaire*, plus *salubre*, plus *honorable*, plus *libre* que le travail du cultivateur? Quel est donc celui qui oblige la terre à élever ses épis, à étendre ses prairies, à s'embellir de fleurs, à s'enrichir de fruits ? Quel est celui qui fournit au pauvre comme au riche, à l'ouvrier comme au patron, au dernier des hommes comme au premier des rois, le pain de chaque jour? Les anciens appelaient la déesse Cérès la *nourricière* de l'Humanité, et nous, avec plus de raison, nous proclamons le paysan le *père nourricier* du monde. Sans lui rien ne marche, tout s'arrête. Le cultivateur est la grande roue qui met en mouvement toutes les autres. Il est aussi nécessaire à la société que le pivot principal à une grande machine, que l'axe invisible qui, pour maintenir le monde dans son équilibre, traverse ce vaste univers, et dont le Tout-Puissant tient les deux extrémités de ses mains souveraines.

Aussi, la Providence, en faisant votre travail le plus nécessaire, a voulu, dans sa justice qu'il fut le plus *salubre*. Voyez ! Le cultivateur travaille toujours au grand air, il fait sa cour à l'au-

cour à l'aubo, béu lou soulèu, se ba 'mé lou mistrau, e s'asseto jamai que pèr recoustituï soun cors, à l'oumbro d'un amouié, dins un repas naturau. L'ome de la fabrico travaio agrouva, viro de manivelo, que ie fan veni la noio, e passo sa vido de presounié dins de turno e de galatas. Se l'ome de la terro se desengourdi desempièi que l'aubeto pounchejo enjusqu'à jour fali, varaio jamai la niue. Se pauso lou Dimenche que santifico en bon crestian, e, lou matin dóu dilun, lou vesè mai carga sa daio vo soun liché. L'ome de fabrico se satiro souvènt dins la niue, e, que proufano vo noun lou Dimenche, fai, nòu còp sus dès, tampino lou dilun, au grand despié de sa pauro famiho que meto sus la paio en esperant de la metre à l'espitau.

Mai tout acó, necessita e saneta, tout acò n'ei rèn en coumparesoun de *la divino ounourabilita* dóu travai dóu païsan. Soulèt, sus terro, póu se dire lou *coulabouratour* de Diéu ! Dins tóuti lis àutri mestié, l'ome ajudo l'ome. Dins la proufessioun de cultivatour, l'ome ajudo Diéu. L'ome labouro, sameno, meissouno. Mai, ei Diéu que fai leva lou souléu, boufa lou vènt, abounda la plueio. Dins lou plan divin, la Prouvidènci póu rèn sèns lou travai dou labouraire, e lou labouraire póu rèn sènso l'ajudo de la Prouvidènci. La Prouvidènci e lou cultivatour soun li dos fatour de la vido dóu mounde.

Enfin, lou cultivatour ei lou plus libre dis abitant dóu globo. L'óubrié depend de soun patroun, lou soudard de soun chéfe, lou matelot de soun coumandant, lou mouine de soun superiour, l'endustriel de soun publi. Pèr lou cultivatour, ia rèn de tout acò. N'a ni patroun, ni chèfe, ni coumandant, ni superiour, ni publi, e depend que de soun travai, de sa counsciènci et de soun Diéu ! . . . .

. . . .

rore, il s'enivre de soleil, lutte avec le mistral, et ne s'assied que pour reconstituer les forces de son corps en prenant, à l'ombre d'un mûrier, un repas naturel. L'ouvrier de fabrique travaille courbé, tourne une manivelle qui infuse l'ennui dans son âme, et passe sa vie, emprisonné dans une cave ou un galetas. Si le cultivateur s'acharne au travail depuis la prime aube jusqu'au soleil couchant, il ne rode jamais la nuit. Il se repose le dimanche qu'il sanctifie en vrai chrétien, et le lundi matin le voit toujours avec sa faulx ou son luchet sur l'épaule. L'homme de fabrique travaille d'arrache-pied pendant la nuit, et, qu'il profane ou non le dimanche, il se livre, neuf fois sur dix, à la débauche le lundi, au grand désespoir de sa famille infortunée qu'il commence par mettre sur la paille en attendant de la mettre à l'hôpital.

Mais tout cela, nécessité et salubrité, n'est rien en regard de *la divine honorabilité* du travail du paysan. Seul, sur terre, il peut se proclamer le *collaborateur* de Dieu. Dans toutes les autres professions, l'homme aide l'homme. Dans la profession de cultivateur, l'homme aide Dieu. L'homme laboure, sème, moissonne. Mais c'est Dieu qui fait lever le soleil, souffler le vent, abonder la pluie. Dans le plan divin, la Providence ne peut rien sans le travail du laboureur, et le laboureur ne peut rien sans le secours de la Providence. La Providence et le laboureur sont les deux facteurs de la vie du monde.

Enfin, le cultivateur est *le plus libre* des habitants du globe. L'ouvrier dépend de son patron, le soldat de son chef, le matelot de son commandant, le moine de son supérieur, l'industriel de son public. Pour le cultivateur, rien de tout cela ! Il n'a ni patron, ni chef, ni commandant, ni supérieur, ni public, et il ne dépend que de son travail, de sa conscience et de son Dieu ! . .

. . . .

2

E vaqui perqué amen à saluda dins sant Gèns lou moudèlo dóu païsan ! Païsan èro quand partigué de Mountéu, e païsan restè enjusqu'à sa darriero ouro. Oh ! moun Diéu, que me semble bèu, sus l'autar que i'aven fa, amé soun aguiado à la man, e si dos bèsti couchado à si pèd coume dos amigo que lou quiton jamai ! Urous, tres fes urous lou païsan que saubra l'imita dins soun travai e si vertu ! Sara, de tout segur, courouna de la memo recoumpènso !

Adounc, sant Gèns labouravo li vacant ermassi amé si dos vaco doucilo. Un jour d'ivèr, un moustras de loup, que la fam acanissié, found coume un tron sus uno di dos pàuri travaia-rello, e, dins un vira d'iue, ie trauco lou còu e la sauno. La vaco s'agrouvè... Ero morto !... Que faguè sant Gèns ? Lou cantico lou dis. Remplacè tout simplamen uno bèsti pèr uno autro. Entourtouié la guido au còu de la bestiasso espavourdido, e, sènso autro ceremounié, l'atalè à l'araire. Eis ansin que Diéu rènd i sant lou scètre dóu coumandamen sus touto la naturo, perdu pèr lou mancamen d'Adam. Santo Marto bridè la Tarasco em'un fiéu de lano, sant Veran delieurè la Sorgo de soun anfibiéu espetaclous, e san Francé d'Assiso, après sant Gèns, faguè d'un loup soun meiour cambarado.

Dos an se passèron dins aquelo vido de soulitàri. Mai, dins aquel entre-vau la proufecìo dóu sant pesavo sus Mountéu de tout lou pes d'uno maledicioun. La secaresso aduguè la misèro, la misèro la diseto, e la diseto la fam. Li Mountelen, coume autre-tèms li Ninivito, noun desesperèron de la misericòrdi de Diéu, e mandèron *Imberto,* la doulènto maire de sant Gèns, à la cerco de soun enfant. Imberto noun sabié vounte soun bèl astre avié escoundu li rai de soun angelico eisistènço. Pamen, n'aguè pas

Et voilà pourquoi nous aimons à saluer en saint Gens le modèle du paysan. Paysan il était quand il partit de Monteux, et paysan il resta jusqu'à sa dernière heure. O mon Dieu, qu'il m'apparaît magnifique, sur l'autel que nous lui avons dressé, avec son aiguillon à la main, et ses deux bêtes domestiques couchées à ses pieds comme deux amies qui ne l'abandonnent jamais ! Heureux, trois fois heureux le paysan qui saura l'imiter dans son travail et ses vertus ! Il sera bien certainement couronné de la même récompense !

Donc, saint Gens labourait les arpents de terre délaissés avec ses deux vaches dociles. Un jour d'hiver, un loup énorme que la faim affolait, fond comme l'éclair sur l'une des deux pauvres travailleuses, et, en un clin d'œil, il lui saute au cou et l'égorge. La vache s'affaissa... Elle était morte ! Que fit saint Gens ? Le cantique nous l'apprend. Il remplaça tout simplement une bête de somme par une autre. Il environne de ses guides le cou du fauve stupéfait, et, sans autre cérémonie, il l'attelle à la charrue. C'est ainsi que Dieu rend aux saints le sceptre du commandement sur la nature entière, perdu par la prévarication d'Adam. Sainte Marthe brida la tarasque avec un fil de laine, saint Véran délivra la Sorgue de son amphibie monstrueux, et S. François d'Assise, après saint Gens, a fait d'un loup son plus fidèle compagnon.

Deux ans s'écoulèrent dans cette existence d'anachorète. Mais, dans cet intervalle, la prophétie du Saint pesait sur Monteux, de tout le poids d'une malédiction. La sécheresse amena la misère, la misère détermina la disette, et la disette engendra la faim. Les habitants de Monteux, comme autrefois les Ninivites, ne désespèrèrent pas de la miséricorde de Dieu et dépêchèrent *Imberte*, l'inconsolable mère de saint Gens, à la recherche de son enfant. Imberte ne savait sous quel firmament son beau soleil avait caché

long-tèms à s'entreva. Lou cor maternau el devinaire. Feniguè
pèr destousca soun fiéu beni dins sa baumo d'anacoureto. Oh !
quau dira li paraule d'amour e de fe qu'entre-mescleron sant
Gèns e sa maire benurado au proumié moumen dóu rescontre !
Soulet, lis Ange lis ausiguèron. Tant soulamen, l'istòri nous dis
que d'aquelo counversacioun sourgentè la font miraclouso, la
fenissènço dóu flèu, e la glourificacioun dóu sant pèr si
counciéutadin que pousquèron, pendènt bèn quàuqui jour
aclama soun noum e si vertu. Mai sant Gèns que voulié d'osan-
nah que per soun Diéu, countènt de vèire li *Mountelen* counverti,
se despachè à reclaure mai sa vido dins soun desert e dins sa
baumo. lé restavo plus que d'ana s'emparadisa amé lis Ange, si
fraire. Un bèu jour, lis abitant dóu Baucet, qu'avien toujour
regarda lou jouine ermitan coume la glòri de soun desert, l'atrou-
vèron à ginoun, li man jouncho, lis iue fissa vers lou fiermamen.
Sant Gèns èro mort dins la countemplacioun dóu Cier, vounte
bèu l'eternalo felicita desempièi proche de vue-cents an, e vounte
repauso tant que Diéu sara Diéu !...

II

E aro qu'aven vist sant Gèns dins sa vertu de la terro, regar-
den lou dins la glòri dóu Paradis ; aro qu'aven amira lou jouine,
et sant Armito, amiren lou *patroun* pouderous.

Lou sabè, Diéu a douna à sant Gèns dous grand poudé : Lou
premié, de gari li marridi fèbre amé l'aigueto mervihouso de sa
pichoto font ; e lou segound, d'adurre, quand vòu, de moulounas
de nivo dins lou firmamen pèr inounda noste terraire quand eis
uscla pèr lou soulèu e lou mistrau.

les rayons de sa vie angélique. Néanmoins, elle ne mit pas long-
temps à s'enquérir. Le cœur des mères a un instinct divinatoire.
Elle finit par découvrir son fils béni dans sa grotte reculée. Oh !
qui dira les paroles brûlantes d'amour et de foi qu'échangèrent
saint Gens et son heureuse mère au premier moment de la ren-
contre ! Seuls, les Anges les entendirent. L'histoire nous dit seule-
ment que de cette conversation jaillit la fontaine miraculeuse, que
d'elle aussi data la fin du fléau et qu'elle provoqua la glorifica-
tion du Saint par ses concitoyens qui purent pendant plusieurs
jours acclamer son nom et ses vertus. Mais saint Gens qui ne vou-
lait des honneurs que pour son Dieu, satisfait de voir les *Monti-
liens* convertis, se hâta de renfermer encore sa vie dans son désert
et dans sa grotte. Il ne lui restait plus que d'aller prendre posses-
sion du Paradis, en compagnie des Anges ses frères. Un beau jour,
les habitants du Beaucet qui avaient toujours considéré le jeune
Ermite comme la gloire de leur désert, le trouvèrent à genoux,
les mains jointes, les yeux fixés vers le firmament. Saint Gens
était mort dans la contemplation du Ciel où il s'enivre de l'éter-
nelle félicité depuis près de 800 ans, et où il repose tant que Dieu
sera Dieu !...

II

Et maintenant que nous avons vu saint Gens dans l'épanouis-
sement de sa vertu sur la terre, regardons-le dans la gloire du
paradis ; maintenant que nous avons admiré le jeune et saint
Ermite, admirons le *puissant protecteur*.

Vous le savez, Dieu a donné à saint Gens deux grands privi-
lèges : Le premier de guérir les personnes atteintes *de la fièvre*
avec l'eau merveilleuse de sa fontaine, et le second, d'accumuler,
à son gré, des montagnes *de nuages* dans le firmament, pour
abreuver de pluie notre territoire quand il est desséché par le
soleil et le mistral.

La febre ! oh ! la sournarudo ! un bèu jour, sènsè saupre ni perqué ni coumé, sentè la tressusour que vous arrapo. Avè fre e avè cau, e touto vosto persouno eis agarrido pèr un frenisoun, pèr un tremoulun que vous acraso lou cors e vous avalanco l'âmo. Res escapo à sis arpo, e, de l'enfantoun au paure vièi, un jour vo l'autre, tóuti n'en soun aclapa. La medecino, desempièi sièi milo an que cerco, n'a pas encaro pouscu determina sa naturo, e, pèr encaro, n'a trouva pèr l'abauca que de remèdi d'uno mié vertu. En tout cas, defènd l'aigo fresco ! Eh bèn, sant Gèns per mièu acerta lou miracle, pèr faire coumprendre, vèire e senti que la garison vèn de la man d'*Aquèu* que coumande is elemen, sant Gèns a fa sourgenta dóu roucas uno aigo lindo e fresqueto que coursejo la fèbre, coume un cassaire coursejo un gibié de palun. De Marsiho à Valenço e de Barcilouneto à Mountpelié s'acaminon li pauri febrous à l'Ermitage, e s'en retournon jamai sènso canta sa recouneissènço. Mai qu'ei besoun de faire resouna la voues de l'estrangié ? Mi fraire, vese la glèiso pleno de mounde, e subre-tout de *Mountelen*. Eh bèn, n'en apelle au temouniage de tóuti tant que sia. Disè-me, couneissè dins Mountéu uno souleto famiho que noun se glorifique de la proutecioun de sant Gèns contro li marridi malautié ? E que li màu-cresènt vengon pas nous canta qu'aqueli miracle soun lou proudu d'un desbord de l'imaginacioun. Ie respouden : Mount'ei l'imaginacioun dins lis enfant de la ? E pamen, ei dins la falanjo d'aquelis angeloun que coumten li plus nombrous miracula. Sant Gèns largo à plen de man li garisoun senso regarda ni l'age ni la fourtuno, ni la pousicioun, e souventi-fes recoumpènso dins lis enfant la grando fe di parent.

La fièvre! Oh! le sombre mal! Tout-à-coup, sans savoir ni pourquoi ni comment, vous vous sentez envahi par une sueur froide. Vous avez chaud et vous êtes gelé, et votre être tout entier est en proie à des frissons, à des tremblements qui affaissent votre corps et anéantissent votre âme. Nul n'échappe à ses griffes et, de l'enfant au vieillard, tous, un jour ou l'autre, en sont atteints. La médecine, malgré des recherches séculaires, n'a pas encore pu déterminer exactement sa nature, et, pour l'apaiser, elle n'a pu trouver jusqu'à présent que des demi-remèdes. En tout cas, elle défend l'eau fraîche. Or, saint Gens, dans le dessein de donner plus de certitude au miracle, pour faire bien comprendre, voir et sentir que la guérison procède de *Celui* qui commande aux éléments, saint Gens a fait jaillir du rocher une eau limpide et glacée qui met en fuite la fièvre comme un chasseur met en fuite un gibier de marais. De Marseille à Valence et de Barcelonnette à Montpellier, vous rencontrez sur votre chemin les pauvres fiévreux qui se dirigent vers l'Ermitage, et qui ne retournent jamais sans chanter leur reconnaissance. Mais qu'est-il donc besoin de faire entendre la voix des étrangers? Mes Frères, je vois l'Eglise pleine de fidèles, et particulièrement de *Montiliens*. Eh bien, j'en appelle au témoignage de tous, sans exception. Dites, savez-vous dans Monteux une seule famille qui ne puisse se glorifier de la protection de saint Gens contre les maladies dangereuses? Et que les incrédules ne viennent pas nous chanter le refrain que les miracles sont le produit d'une surexcitation de l'imagination. Nous leur répondons: Où voyez-vous l'imagination dans les enfants du premier âge? Et cependant c'est dans la phalange de ces petits anges que nous comptons les miraculés les plus nombreux. Saint Gens prodigue à pleines mains les guérisons sans regarder ni l'âge, ni la fortune, ni la position sociale, et souvent il récompense dans les enfants la foi vive des parents.

O divin fountanié, nosto pauro soucieta ei travaiado d'autri fèbre bèn plus malino qu'aqueli que pougnon nosti cors e que soun garido pèr vosto miraculouso founteto. I'a long-tèms que sant Augustin l'a di : *Febris nostra avaritia est, febris nostra ambitio est, febris nostra libido est.* — *Nosti febre soun l'aspre amour de l'argènt, dis ounour, di plesi bestiau.* Fasè-nous la gràci de saupre retrouva dins la joio de nosto amo, lou celeste camin que meno i pur e sabourous sourgènt dóu Sauvaire. *Haurietis aquas in gaudio de fontibus salvatoris.* . . . . . .

. . . .

Mai lou poudé de sant Gèns s'estrechi pas soulamen à l'aigo de la terro, s'estènd encaro sus *li reservo d'aigo dóu cier.* Lou fiermamen de la Prouvènço et de la Coumtat ei coume sa prouprieta, soun fièu d'ounour. A soun coumandamen, li nivo van e venon, e n'aven qu'à plega lou ginoun am' un pau de fervóur e de fe pèr vèire lis ourizoun s'ennevouli dóu levant au pounènt e dóu nord au miejour. Quau ei, dintre nous àutri, que noun fugue esta manto fes lou temoï d'aquéu miracle dins sa vido ?... La secaresso ei vengudo : la terro ei grasihado, lou soulèu ei tóuti li jour que mai ensucant. Li prat jaunisson, lis espigo escalon plus, li rasin flachisson, e li sourgènt s'abaucon. Oh ! moun Diéu ! la recolto ei perdudo, e l'esqueleto de la diseto eis aqui, implacable, à nosti porto. Vite, uno nouveno au grand sant Gèns, e que quàuqui boni raisso ressuscitoun nosti campagno !

Mi Fraire, avè-ti souveni que noste sant pietadous ague jamai refusa la plueio demandado pèr soulennita de preièro publico ? Ah ! tóutis eici pourria leva la man. Tòuti pourria jura que ni vous ni vosti davancié l'an jamai vist, e iéu pode vous assegura que vostis enfant lou veiran pas mai que vous àutri. Couneissè tóuti la bello preièro de *sant Bernard* que s'apello lou *Souve-*

...O divin fontainier, notre pauvre société est tourmentée de fièvres, bien autrement malsaines que celles qui attaquent notre corps et que guérit votre merveilleuse petite source. Il y a long-temps que saint Augustin l'a dit : *Febris nostra avaritia est, febris nostra ambitio est, febris nostra libido est.* — *Notre fièvre c'est l'avarice, c'est l'ambition, c'est le plaisir défendu.* Faites-nous la grâce de savoir retrouver, dans la joie de notre âme, le céleste chemin qui mène aux pures et savoureuses fontaines du Sauveur : *Haurietis aquas in gaudio de fontibus salvatoris.* . . . . .

. . . .

. . Mais le pouvoir de saint Gens ne se renferme pas seulement dans la domination sur l'eau de la terre, il s'étend encore *sur les réserves d'eau du ciel.* Le firmament de la Provence et du Comtat est comme sa propriété, son fief d'honneur. Sur son ordre, les nuages vont et viennent, et nous n'avons qu'à plier le genou avec un peu de ferveur et de foi pour voir les horizons se couvrir de nues du levant au couchant et du nord au midi. Quel est celui d'entre nous qui n'a pas été maintes fois dans sa vie le témoin de ce miracle?... La sécheresse est venue : La terre est brûlée, le soleil devient chaque jour plus ardent. Les prés jaunissent, les épis ne montent plus, les raisins se flétrissent et les sources sont taries. O mon Dieu ! la récolte est perdue, et le squelette de la disette est là, implacable, à nos portes. Hâtons-nous de faire une neuvaine au grand saint Gens et que quelques bonnes averses ressuscitent nos campagnes !

Mes Frères, avez-vous souvenir que notre saint compatissant ait jamais refusé la pluie demandée par de ferventes prières publiques? Ah ! tous ici vous pourriez lever la main ! Tous, vous pourriez jurer que ni vous ni vos ancêtres ne l'avez jamais vu, et moi, je puis vous certifier que vos enfants ne le verront pas plus que vous-mêmes. Vous connaissez tous la belle prière de

nez-vous, e que fai l'escoumesso que jamai res, dins qunte siècle que fugue, ague entendu dire que la santo Vierge noun ague coumbla de si gràci li crestian que l'an envoucado. Eh bèn, nous àutri Mountelen, nous àutri Coumtadin e Prouvençau de tout païs, pouden coumpousa lou *Souvenez-vous* de sant Gèns. Desempièi 750 ans que, di rèire i felen, tóuti li generacioun i'an demanda la plueio, se pòu pas signala uno souleto fes que noun li nivo se fugon acampado, e n'agon bagna nosti gran, nosti planto, nostis aubre e si racino, mai encaro qu'ausavian lou demanda e l'espera. Autambèn, miéu que lou Jupiter d'Oumèro, pouden prouclama sant Gèns, LOU GRAND ASSEMBLAIRE DE NIVO !

O Diéu tout bon e tout juste, se punissè pèr mounte l'on pèco, recoumpensa tambèn pèr mounte l'on merito. Eis à l'oucasioun de la secaresso que sant Gèns prenguè la defènso de la religioun, e la religioun, en, retour, ié recounei lou poudé subre-naturau d'esvarta aquéu grand flèu.

O noste puissant coumpatrioto ! La secaresso flachi lis amo dins forço païs à l'entour. Courseja-la liuen de nosto patrio ! Que Mountéu vegue toujour sa Glèiso pleno de mounde li grand jour de festo ; que vegue, touti lis an à Pasco, si nòu-cents ome s'avança, coum'un bataioun sacra, lou front espandi e lou cor àut de la santo taulo ; que resto enfin digne de si davancié, de soun bon renoum catouli e de soun sant prouteitour !

saint Bernard qu'on appelle le *Souvenez-vous* et qui fait le pari que nul, dans quelque siècle que ce soit, ait jamais entendu dire que la très-sainte Vierge n'ait comblé de ses grâces les chrétiens qui l'ont invoquée. Eh bien nous, Montiliens, nous, Comtadins et Provençaux de tout pays, nous pouvons composer le *Souvenez-vous* de saint Gens. Depuis 750 ans, que, des aïeux aux petits-fils, toutes les générations lui ont demandé la pluie, on ne peut citer une seule occasion où les nuées ne se soient amoncelées et n'aient abreuvé de pluie nos grains, nos plantes, nos arbres et leurs racines, avec plus d'abondance encore que nous n'osions le demander et l'espérer. — Aussi, mieux qu'au Jupiter d'Homère, nous pouvons décerner à saint Gens le titre de GRAND ASSEMBLEUR DE NUAGES.

O Dieu juste et bon, si vous punissez par où l'on pèche, vous récompensez par où l'on mérite. C'est à l'occasion de la sécheresse que saint Gens prit la défense de la religion, et l'Eglise en retour, lui reconnaît le pouvoir d'écarter de nos contrées ce grand fléau.

O notre puissant compatriote ! La sécheresse flétrit les âmes dans maintes paroisses des alentours. Eloignez-la de votre pays natal. Que Monteux voie toujours son église pleine de fidèles, aux grands jours de fête ; qu'il voie tous les ans, le jour de Pâques, ses 900 hommes s'avancer, comme une légion sacrée, le cœur épanoui, et le front haut, de la sainte Table ; qu'il reste enfin digne de ses ancêtres, de sa renommée chrétienne, et de son saint protecteur !

III

'Aven amira sant Gèns dins la vertu de soun desert, l'aven countempla dins soun patrounage au Cier, regarden-lou *dins sa glòri sus lis autar.* Aro qu'aven vist l'Armito sanctifica et lou patroun courouna, regarden *lou Sant glourifica.*

Pèr n'en resouna segur, anen un moumént ensèn à soun Ermitage. Imagina que sian au premié Dimenche de Setèmbre. Regarda tóuti li camin qu'aboutisson au Baucet. D'ounte venon tóutis àqueli carreto tentado, e clafido d'ome, de femo, de fiho e d'enfant que canton coume d'ourgueno? D'ounte venon ansin?... Regarda bèn... n'ei pas trop dificile à devina... Venon tóuti de l'autre coustat de la Durènço. Se vëi au large riban de velóurs, coulour granat, plega coum' un turban à la fenissènço de la tèsto di femo. — Tout aquéu mounde n'ei rèn que de prouvençau et de prouvençalo. — Oh! li bravi gènt! Rèn lis arrèsto! ni la liuenchour dóu vouyage, ni la noio de se leva dos ouro avans l'aubo, ni li camin póussierous, ni li nivo que s'empielon, ni lis uiau qu'esbriaudon, ni li tounerro qu'esfraion! E que venguèsson pas lis enfeta, car atrouvarien en quau parla. Lou prouvençau n'a jamai agu la lengo pendoulado au couissin. Van à sant Gèns, e ié van en pregant e en cantant tout-de-long dóu camin. Lá preièro e li càntico lis engardon de langui... Arrivon au Baucet e desatalon. Mònton à la glèiso, e, senso crida paro-garo, entrounison sant Gèns subre soun baldaquin daura, e, en avans la proucessioun!.. Uno proucessioun que feni plus!.. La roumpon quàuquis ouro pèr se counfessa, e pièi, vague mai la proucessioun sus la mountagno. Chasque roumiéu porto à la man un cierge atuva. De dès pas en dès pas, li cantico se respondon e s'entre-mesclon am'un tau desbord que regounflo de tèms-en-tèms en cris de

III

Nous avons admiré saint Gens dans sa vie au désert, nous l'avons contemplé dans le patronage qu'il exerce du haut du ciel, regardons-le dans sa *gloire de Bienheureux élevé sur les autels.* Maintenant que nous avons vu l'Ermite sanctifié et le patron couronné, regardons le *saint glorifié.*

Pour en parler avec certitude, allons ensemble un moment à son Ermitage. Imaginez-vous que nous sommes au premier Dimanche de Septembre. Jetez un regard sur tous les chemins qui aboutissent au Baucet. D'où viennent toutes ces charrettes bâchées, et bondées d'hommes, de femmes, de filles et d'enfants qui chantent comme des Sirènes ? D'où viennent-elles ainsi ? Examinez bien ! Ce n'est pas trop difficile à deviner... Elles viennent toutes de l'autre bord de la Durance. On voit cela au large ruban de velours, couleur grenat, plié comme un turban à l'extrémité postérieure de la tête des femmes. — Tout ce monde ne comprend que des provençaux et des provençales. — Oh ! les braves gens ! Rien ne les arrête ! Ni la longueur du voyage, ni l'ennui de se lever deux heures avant l'aurore, ni les chemins poudreux, ni les nuages qui s'amoncèlent, ni les éclairs qui éblouissent, ni les tonnerres qui épouvantent ! Et que nul ne se hasarde à les aiguillonner, car on trouverait à qui parler. Le provençal n'a jamais eu la langue endormie. Ils vont à saint Gens, et ils y vont en priant et en chantant tout le long de la route. La prière et les cantiques les préservent de l'ennui. Ils arrivent au Baucet, et dételent leurs équipages. Ils montent à l'église, et sans avertissement, ils installent saint Gens sur son baldaquin doré, et, immédiatement, s'organise la procession... Une procession interminable !... On l'interrompt quelques heures pour faciliter les confessions, et puis, la procession se réorganise avec plus d'entrain

vivo sant Gèns. Fan milo vira-vòut sus li auturo, escalon enjus-
qu'à la bello cimo, ie planton la bandiero dóu Sant, e retournon
pèr s'acampa tóutis à l'entour d'un grand autar tout abrasa de
lume, tout embelli di flour dóu desert, e, mounte l'estatùo de
sant Gèns signourejo e triounflo coume s'èro en persouno dins la
glòri dóu Paradis. Li cant, aqui, redoublon d'estrambord, li capèu
s'aubouron, li blanc moucadou floutejon, lis aclamacioun se
multiplicon, li vivat s'espèron pas l'un l'autre, tóuti se disputon
l'ounour de pourta sus sis espalo lou trone dóu benerous *Labou-
raire*, tóuti volon beisa si pèd, touca si man, passa respetuousamen
souto soun baldaquin, e la fe vivènto d'aquelo nacioun desplego
milo e milo endustrio pèr crida soun alegresso, e faire publica-
men la provo que recounèi li vertu, li benfa, la proutecioun dóu
grand patroun dóu Mièjour.

Vaqui, mi Fraire, en quàuqui mot, coume se passo la festo de
Setèmbre, la fèsto di provençau !. . . . .

. . . .

Mai, de qu'ei tout acò en coumparesoun de la fèsto que se
celèbro dins noste Mountéu, à tàu jour qu'aujourd'uei ! N'ei pas
uno plumo que me foudrié pèr l'escréure, n'ei pas uno lengo que
me foudrié pèr la precha, eis uno citaro d'ange que demanda-
riéu pèr la canta !

Oh ! que soun bèu nosti *pourtaire* de la bandiero, de sant
Gèns, e dóu Crist ! Que soun bèu amé soun foulard de sedo,
cranamen nousa sus lou coustat gauche de la tèsto, amé si belli
bretelo de cuer, sa camiso trelusènto de blancour, si guèto bèn

encore pour gravir les sentiers de la montagne. Chaque pèlerin porte un cierge allumé à la main. De distance en distance les cantiques se répondent et s'entre-mêlent avec un enthousiasme tel qu'on l'entend de temps à autre éclater en cris de: Vive saint Gens! On fait mille contours capricieux sur les flancs de la montagne, on atteint le plus haut sommet, on y plante la bannière du saint et on retourne pour se grouper autour d'un grand autel tout resplendissant de lumière, tout embelli des fleurs du désert, et sur lequel la statue de saint Gens rayonne et triomphe comme s'il était en personne dans la gloire du Paradis. Là, les chants redoublent d'élan, les chapeaux s'agitent, les blancs mouchoirs flottent au vent, les acclamations se multiplient, les vivats se succèdent sans interruption, et tous les pèlerins se disputent l'honneur de porter sur leurs épaules le trône du Bienheureux *Laboureur*, tous veulent baiser ses pieds, toucher ses mains, passer respectueusement sous sa statue bénie, et la foi vivante de ce peuple déploie mille industries pour manifester sa joie et prouver publiquement qu'il sait reconnaître les vertus, les bienfaits, la protection du grand patron du Midi.

Voilà, mes Frères, en quelques mots comment se passe la fête de septembre, la fête des Provençaux! . . . .

. . . .

Mais, qu'est-ce que tout cela en comparaison de la fête qui se célèbre dans notre Monteux chaque année, à pareil jour ? Ce n'est pas une plume qu'il me faudrait pour l'écrire, ce n'est pas une langue qu'il me faudrait pour la raconter, c'est une lyre d'ange que je demanderais pour la chanter !

Oh! qu'ils sont beaux à voir *nos porteurs* de la bannière, de saint Gens, et du Christ! Qu'ils sont beaux à voir avec leur foulard de soie, élégamment noué sur le côté gauche de la tête, avec leurs solides bretelles de cuir, leur chemise éblouissante de blan-

tiblado e si poulidi culoto de nankin! Perqué, me diré, aquéu coustume estraourdinàri ? Perqué? Pèr ço qu'aquéu coustume ei lou coustume de nòsti rèire, per ço qu'ei l'abihage adouta pèr li PRÉU lou prémié cop que s'ei fa la festo, l'an après la mort dóu sant cultivatour, pèr ço que sian gènt de tradicioun e que regarden coume sacra tout ço que rapello nosto antiqueta naciounalo. Arrié li délicat que lou trouvarien pas à soun goust !

. . . .

. . . .

. . . .

Mai li véici, nòsti *pourtaire*, tóuti dins la glèiso. Moussu lou curat li beni, e li benastrugo. Sorton dóu tambour, troutihon uno brigo, e pièi, quand abordon lou pourtau, vounte lou mounde éis amoulouna pèr lis aclama, tout-à-n-un cop, au signau counvengu, li vaqui que l'estrambord li pren, e lis ange lis emporton dins un nivoulun de póussiero, de vivat e d'aplaudimen ! E sa fugo courredisso, en avans coum' en amount de la *Nesco*, n'ei qu'un long triounfle de Mountéu à l'Ermitage e de l'Ermitage à Mountéu. Li gènt de Carpentras, de Perno, de Sant-Didié, de Santo-Gardo e dóu Baucet se disputon l'avantage de li coumplimenta e de refaire soun alen pèr li meiour refresc. D'enterin, à Mountéu s'acampo uno moulounado d'estrangié... Quatre ouro sonon, tóuti li campano se meton à bran... Qu'eis acò ? Ei nostis enfant, nosti sant-genaire qu'arrivon au grand pas de courso. E, regarda li bèn, n'ia pas un qu'ague l'èr alassa. La sentiran deman, se volon, la fatigo, mai, aujourd'uei, acò ei defendu. Arrivon, e li parènt, lis ami, lis estrangiè coume li coumpatrioto, touto la multitudo lis aclamo, li festejo e li embrasso. Pièi, tout lou païs se porto en proucessioun à l'endavans dóu grand sant, mai de milo ome ié fan un courtege triounflant tout à-l'entour di bàrri, e quand s'ei proun long-tèms alterna lou

cheur, leurs guêtres bien étirées et leurs légers pantalons nankin !
Pourquoi me direz-vous, ce costume si extraordinaire ? Pour-
quoi ?... Parce que c'est le costume de nos aïeux ; parce que c'est
le costume adopté par les Prieurs dès la première fois qu'on a
célébré la fête du saint Cultivateur, l'année même de sa mort ;
parce que nous sommes gens de tradition et que nous regardons
comme sacré tout ce qui touche à notre antiquité nationale.
Arrière donc les délicats qui ne trouveraient pas ce costume à leur
goût !

Mais voici nos *porteurs* dans l'Eglise. Monsieur le Curé les
bénit, et leur souhaite un heureux voyage. Ils sortent du tam-
bour, trottent quelque peu, et puis, quand ils arrivent au portail,
où la foule est massée pour les acclamer, tout-à-coup, au signal
convenu, voilà qu'ils prennent leur élan, et l'on dirait que les
Anges les emportent dans un nuage de poussière, de vivats et
d'applaudissements. Et leur fuite rapide, en avant comme en
amont de la *Nesque*, n'est qu'un long triomphe de Monteux à
l'Ermitage et de l'Ermitage à Monteux. Sur le parcours, de nom-
breuses personnes de Carpentras, de Pernes, de Saint-Didier, de
Sainte-Garde et du Baucet, se disputent l'avantage de les compli-
menter et de renouveler leur ardeur en leur offrant les meilleurs
rafraîchissements. Pendant cet intervalle, on voit affluer dans
Monteux un nombre incalculable d'étrangers... Cependant, quatre
heures tintent à l'horloge, et aussitôt toutes les cloches sonnent à
grandes volées.... Pourquoi, cela ? Ah ! c'est que nos enfants, nos
élus de la fête, arrivent au grand pas de course . Et, voyez, pas
un seul n'a l'air fatigué. Demain, peut-être, avoueront-ils une
légère fatigue, mais aujourd'hui, cet aveu est défendu. Ils arri-
vent donc, et les parents, les amis, les étrangers comme les conci-
toyens, la foule tout entière les acclame, les félicite et les em-

cantico amé li beus acord de musico, se rentro finalamen à la gleiso. Silènci ! Veici lou moumen dòu grand oumage. Au found de la vasto néu, à drecho dòu santuari, sant Gèns, amé soun relicle à si pèd, eis aussa dins li lume coume au mitan d'un fiermamen d'estello que mounton e descendon de-n-aut en bas de sa capello. Diria qu'escouto çò que ie van dire, çò que ie van canta. E lou cantico, lou grand cantico, lou cantico d'inmourtalo bèuta, lou cantico naciounau de Mountéu, emé l'ajudo de nosto eicelènto fanfàro, fai resclanti si noto glouriouso ! E chascun de si coublet, chascun de si vèrs restounti dins nòsti cor e li fai tresana. E lou tout fini per lou cris de VIVO SANT GÈNS, un cris que parto dòu found de l'amo amé tant d'arderesso, amé tant de fe, que trauco li nivo, subre-passo lis estello, e vai d'un vanc enjusqu'au trone celeste de sant Gèns, que se clino a-n-aquéu moumen sus Mountéu e lou beni per jusqu'à l'an que vèn.

Vaqui la fèsto ourdinàri de Mountéu.

Aquest an i'a QUAUCAREN DE MAI. Mounsegne, aquèste an vesen amé bonur un ANGE que plano au dessus de touto la fèsto, e aquel ANGE ei vous. Ei vous, car, çò que carateriso un Ange ei la *prountitudo* e la *pureta*. Eh bèn, i'a gaire de tèms que sias asseta sus lou trone d'Avignoun e sias esta *prounte* à vèni nous vèire à nòsto premiere counvidacioun. E pièi, en foro de l'esplendour de vòsti vertu de Prèire, quau noun saup *la pureta de vòsto doutrino d'Avesque* ? Darrieramen, vòsto bello e courajouso letro au cardinau de Paris eis aqui per n'en rendre temouniage. Touti vòsti dioucesan soun esta fier d'aquéu lengage

brasté. Puis, toute la paroisse se porte en procession au devant du grand Saint, plus d'un millier d'hommes l'escorte triomphalement tout autour des remparts, et, quand la musique et le cantique se sont assez longtemps répondu, on finit par rentrer à l'église. Silence ! Voici le moment de l'hommage solennel. Au fond de la vaste nef, à droite du sanctuaire, saint Gens, les pieds posés sur ses reliques sacrées, est comme surélevé dans la lumière, au milieu d'un firmament d'étoiles qui, du sol à la voûte, illuminent sa chapelle. Vous diriez qu'il s'est placé là, pour écouter ce qu'on va lui dire, ce qu'on va lui chanter. Et le cantique, le grand cantique, le cantique d'immortelle beauté, le cantique national de Monteux, avec le secours de notre excellente fanfare, fait retentir avec éclat ses notes glorieuses. Et, chacune de ses strophes, chacun de ses vers trouve un écho dans nos cœurs et les fait tressaillir de bonheur. Et tout se termine par le cri de VIVE SAINT GENS, un cri qui part des profondeurs de l'âme avec un tel élan, avec un tel accent de foi qu'il perce les nues, dépasse le cercle des étoiles et s'en va, rapide, jusqu'au trône céleste de saint Gens qui, en ce moment, s'incline sur Monteux et le bénit pour l'année tout entière.

Voilà la fête ORDINAIRE de Monteux.

Mais, cette année, il y a de l'EXTRAORDINAIRE. Monseigneur, cette année nous voyons avec bonheur un ANGE planer au-dessus de Monteux en fête, et cet ANGE, c'est vous. Oui, c'est vous, car les deux caractères de l'Ange sont la *promptitude* et la *pureté*. Or, il y a bien peu de temps que vous êtes assis sur le trône d'Avignon et vous avez été *prompt* à répondre à notre première invitation. Et puis, en dehors de l'éclat de vos vertus de prêtre du Seigneur, qui ne connaît *la pureté de votre doctrine d'Evêque* ? Dernièrement, votre belle et courageuse lettre au cardinal de Paris en a rendu témoignage. Tous vos diocésains ont été fiers de ce langage

d'Apòsto, e leissa-me, au noum dóu clergié e di fidèus de Moun-
téu, vous n'en semoundre òosti couraus aplaudimen!

*

Fau fini, mi Fraire, e vous ai dejà que trop long-tèms re-
tengu. Mai, que voulè? un *Mountelen* que parlo de sant Gèns
sàup pas s'arresta. Pamens, vole pas termina moun discours
sènso dire à tóuti li paire e li maire de famiho que m'entèndon:

En countant à vostis enfant l'istòri tant poulido de sant Gèns,
oublidè pas de ie faire penetra la significacioun de tóuti li particu-
larita que n'en coumposon la tramo. Li prencipalo soun: La courso
di sant genaire, soun coustume et sis ensigne; l'aguiado que sant
Gèns tèn à la man, soun araire, sa vaco, e soun loup; soun lié,
soun desert, sa capello, sa font, si miracle, soun cantico e sa
proucessioun.

Tout acò ei plen dei plus bèus ensegnamen,

La *courso* significo l'empressamen que li Mountelen devon
toujour manisfesta pèr lou culte de sant Gèns. Soun *aguiado*,
soun *araire* e sa *vaco*? Que ren ei plus avantajous pèr lou cors
coume pèr l'amo que lou fier travai de la terro. Lou *loup*? qu'un
crestian déu saché teni tèsto à la bestiasso que s'apello l'empieta,
coume sant Gèns tenié tèsto i diable de l'infèr. Soun *lié de roucas*?
Que n'ei pas en se viéutoulant sus de roso que l'on vai en Paradis.
Soun *desert*? Que l'amo déu estre viejo de touto iniquita pèr
plaire à l'Adonaï. Sa *capello*? Qu'un bon Mountelen déu saché
couneisse lou camin de la glèiso tóuti li dimenche e li grandi
fèsto, e tóuti lis an à Pasco. Sa *font*? Que l'aigo de la gràci divino
preservo l'amo di marridi fèbre. Si *miracle*? Que la counfiènci
dins la bounta de la Prouvidènci tiro de tóuti li fau pas. Soun

d'Apôtre, et permettez-moi, au nom du clergé et des fidèles de Monteux, de vous transmettre l'hommage de nos applaudissements.

*

Il faut finir, mes Frères, et je ne vous ai déjà que trop longtemps retenu. Mais, que voulez-vous? Un *Montilien* qui parle de saint Gens ne sait pas s'arrêter. Cependant je ne veux pas terminer mon discours sans dire à tous les pères et à toutes les mères de famille qui m'entendent :

En racontant à vos enfants l'histoire si intéressante de saint Gens, n'oubliez pas de leur donner l'intelligence de toutes les particularités qui en composent le tissu. Les principales de ces particularités sont : La course des porteurs, leur costume et leurs emblèmes; l'aiguillon que saint Gens tient à la main, sa charrue, sa vache et son loup; son lit, son désert, sa chapelle, sa source, ses miracles, son cantique et sa procession.

Tout cela est fécond en enseignements.

La *course* signifie l'empressement que les Montiliens doivent toujours manifester pour entretenir l'éclat du culte de saint Gens. Son *aiguillon*, sa *charrue* et sa *vache*? Que rien n'est plus avantageux pour le corps comme pour l'âme que le fier labeur de la terre. Le *loup*? qu'un vrai chrétien doit savoir tenir tête à cette bête fauve qui s'appelle l'impiété, comme saint Gens tenait tête aux démons de l'enfer. *Son lit de rocher?* Que ce n'est pas sur un lit de roses que l'on va en Paradis. Son *désert*? Que l'âme doit être libre de toute iniquité pour plaire au Seigneur. Sa *chapelle?* Qu'un bon Montilien ne doit pas ignorer le chemin de son église le dimanche, les grandes fêtes et à la solennité de Pâques. Sa *source?* Que l'eau de la grâce divine préserve l'âme des fièvres malignes du péché. Ses *miracles?* Que la confiance en la

cantico ? Que li joio de la religioun soun li plus sano, li plus vivo, e li souleto que trinasson ges d'amarun. E sa *proucessioun* enfin ? Que fau sempre, dins noste siecle de coumbat, faire d'ate publi de noste estacamen inbrandable à la Santo Religioun de nòsti rèire, à la religioun catoulico !. . . . .

O *Mountelen*, mi Coumpatrioto e mi Fraire, se resta toujour coume vous vesen aujourd'uei, sarê la counsoulacioun de voste Pastour venera e tant benfasènt, qu'eis aqui tant esmòugu de bonur, que vous counsacro soun tèms, soun zèle, soun intélligènci, soun cor, e sa fourtuno desempièi 41 ans, e que s'alassara jamai de lou faire enjusqu'au darriè de si jour, sarè l'ounour dóu diocèsi d'Avignoun que vous prepausol pertout coume l'ei sèmple d'un païs vounte triounflo la religioun, e vous reservarè pèr l'aveni, amé li soulas de la terró, uno bello plaço dins lou Paradis, ounte faren tóutis, à noste amistadous sant Gèns, uno courouno que brihara toujour que mai dins lou trelus e l'esplendour de l'eternelo felipita.

E vaqui là gràci que vous souvète en tóuti, amé la benedicioun especialó de noste Archevesque ben-ama

Amen.

Providence tire de tous les faux pas. Son *cantique?* Que les joies de la religion sont les plus saines, les plus vives, et les seules qui n'entraînent après elles aucune espèce d'amertume. Et sa *procession* enfin? Qu'il faut savoir, dans notre siècle de combat, faire des actes publics qui manifestent notre attachement inébranlable à la Sainte Religion de nos ancêtres, à la religion catholique ! . .

. . . .

O *Montiliens,* mes Compatriotes et mes Frères, si vous vous conservez toujours comme nous vous voyons aujourd'hui, vous serez la consolation de votre PASTEUR vénéré et si libéral, qui est là tout ému de bonheur, qui vous consacre son temps, son zèle, son intelligence, son cœur et sa fortune depuis 41 ans et qui ne se lassera pas d'agir ainsi jusqu'à son dernier jour ; vous serez l'honneur du diocèse d'Avignon qui vous cite partout comme l'un des rares pays où triomphe la Religion, et vous vous réserverez pour l'avenir, avec les joies saintes de la terre, une belle place dans le Paradis, où nous ferons tous, à notre aimable saint Gens, une couronne d'élus qui brillera toujours de plus en plus dans l'éclatante splendeur de l'éternelle félicité.

Et c'est la grâce que je vous souhaite à tous avec la bénédiction spéciale de notre bien-aimé Archevêque.

Amen.

AVIGNON. — IMPRIMERIE AUBANEL FRÈRES.